AF278610

27
n
21

GUERRY

(ANDRÉ-MICHEL)

MEMBRE CORRESPONDANT DE L'INSTITUT DE FRANCE

(ACADÉMIE DES SCIENCES MORALES ET POLITIQUES)

PARIS

J. B. BAILLIÈRE ET FILS

LIBRAIRES DE L'ACADÉMIE IMPÉRIALE DE MÉDECINE,

19, rue Hautefeuille.

1867

Nous sommes heureux de pouvoir reproduire ici
le discours que M. Alfred Maury, membre de l'Institut (Académie des sciences morales et politiques),
a prononcé sur la tombe de Guerry (1), et dans
lequel il a retracé avec émotion les principaux
traits de cette vie modeste, tout entière consacrée
au travail, et les notices par lesquelles M. Diard,
président honoraire de la cour de Riom, et M. E.
Vinet ont annoncé au monde savant la perte qu'il
venait d'éprouver.

I. — DISCOURS DE M. ALFRED MAURY

MEMBRE DE L'INSTITUT.

MESSIEURS,

Si j'ose, sans préparation, sans avoir rien écrit,
prendre ici la parole, c'est que je n'ai pas voulu que
cette dépouille fût déposée dans la terre sans dire

(1) A. M. Guerry est né, à Tours, le 4 nivôse an XI (25 décembre 1802), et décédé à Paris le lundi 9 avril 1866.

un dernier et solennel adieu à l'homme de bien, au statisticien infatigable , au publiciste éminent que nous venons de perdre.

André-Michel Guerry a succombé sous le poids du rude labeur qu'il s'était imposé. Il a sacrifié sa santé, compromis sa fortune, usé sa vie pour l'avancement d'une science dont il a posé les premières et les plus solides assises. Après avoir terminé au collége de Tours, sa ville natale, d'excellentes études, il vint à Paris se faire inscrire au barreau. Il s'occupa de droit, de littérature et de physiologie. Mais sa curiosité ne tarda pas à se tourner vers la statistique. Il vit tout ce qu'elle avait alors de vague et d'incertain. Il tenta et réussit à y introduire cette précision. cette critique minutieuse qui seules pouvaient lui donner de l'autorité. Et, appliquant ses recherches au mouvement si peu connu de la criminalité, il publia dans les *Annales d'hygiène publique et de médecine légale* de premiers essais qui furent remarqués ; ils le conduisirent à aborder un travail plus étendu dont les résultats parurent en 1833, dans son ouvrage intitulé : *Essai sur la statistique morale*, et qui plaça son auteur au premier rang des statisticiens. Ce n'était là qu'une esquisse de l'œuvre qu'il méditait et à laquelle il se consacra tout entier. Pour découvrir les causes mystérieuses qui régissent la production des délits et des crimes, pour saisir la marche de la moralité ou plutôt de l'immoralité humaine, il ne négligea rien. Il parcourut à diverses reprises la

France et l'Angleterre, interrogeant les documents administratifs, les archives des greffes, comparant, supputant, ne se laissant point rebuter par les calculs les plus fastidieux et les investigations les plus pénibles. Il soumit les résultats auxquels il était conduit aux vérifications les plus sévères. Pendant plus de trente années, il amassa sur la statistique criminelle comparée de la France et de la Grande-Bretagne les documents les plus neufs et les plus curieux. Le fruit de ses longues explorations fut le grand ouvrage que l'Académie des sciences a couronné, et dans lequel des cartes claires et élégantes, des dispositions de lignes et de courbes fort ingénieuses rendent sensibles aux yeux les oscillations et les vicissitudes du crime et du vice, par année, saison, pays, âge, sexe, profession, etc. OEuvre étonnante de patience et d'exactitude, où nous sont révélées les lois qui président aux manifestations de nos instincts les plus pervers et les plus dépravés.

Pendant trente années, Guerry s'épuisa à réunir et contrôler les documents numériques qui sont mis à profit dans sa *Statistique morale comparée*. Afin de faciliter les calculs, il inventa une machine arithmétique qui atteste son génie mathématique (1); il fit converger vers le but qu'il poursuivait, sans souci de son bien-être et de son avenir, toutes les connaissances qu'il avait amassées et dont l'abondance

(1) Cette machine a été offerte par les héritiers de M. Guerry au Conservatoire des Arts-et-Métiers

s'épanchait dans ses causeries intimes avec quelques amis.

Guerry a-t-il reçu la récompense de ses persévérants efforts et de son ardeur à rechercher la vérité ? Hélas, non ! Messieurs ; sans doute, le titre de correspondant de l'Académie des sciences morales et politiques de l'Institut lui fut accordé; la croix de chevalier de la Légion d'honneur brilla sur sa poitrine; mais c'était peu pour acquitter la dette de la science et de l'humanité envers lui. L'écrivain qui a tant fait pour la psychologie morale, dont les investigations nous permettent aujourd'hui de mieux connaître et de mieux suivre le mal chronique qui mine les sociétés, n'a pas trouvé les encouragements, les honneurs auxquels il avait droit. Accusons-en moins l'injustice des hommes que l'extrême modestie de Guerry, que sa naïve timidité, que sa trop constante préoccupation du mieux, qui l'empêchait de terminer son ouvrage et lui fit longtemps redouter de le livrer à la publicité. Pénétré de son sujet, il songeait plus à découvrir le vrai qu'à le rendre palpable et visible pour chacun. Il se figurait trop aisément que le lecteur pourrait se mouvoir et se retrouver dans des résultats d'une exposition difficile, d'une nature complexe avec lesquels une longue étude l'avait familiarisé.

Mais qu'importe à la réputation de Guerry qu'il ait reçu ces honneurs passagers et ces faveurs éphémères de la fortune qu'il a été donné à de moins méritants d'obtenir. La postérité ne demande pas ce qu'un savant, un publiciste a été, mais ce qu'il a dit, ce qu'il a fait. Les travaux de Guerry resteront comme des modèles de vraie statistique, comme des éléments indispensables pour sonder les plaies de la société et les cicatriser ou les adoucir. Son nom vivra par ses œuvres, et ses œuvres témoigneront de la sagacité de son intelligence, de la profonde honnêteté de son cœur, de la solidité de ses appréciations.

Guerry est un des fondateurs de la statistique morale et criminelle, dans ses applications les plus hautes, d'une science qui intéresse à la fois le philosophe, le magistrat et le médecin. Quiconque voudra faire accomplir à cette science de nouveaux progrès devra suivre sa trace et s'inspirer de sa méthode. Cet honneur vaut plus que ceux qui t'ont manqué de ton vivant, Guerry !

Adieu ! tu meurs entouré de l'admiration de ceux qui furent témoins de ton courage au travail, qui furent admis dans le commerce de ta pénétrante et vive intelligence, environné de l'estime et de l'amitié de tous ceux qui t'ont connu !

II. — NOTICE DE M. H. DIARD

MEMBRE DU CONSEIL GÉNÉRAL D'INDRE-ET-LOIRE.

Nous analysions, il y a peu de mois, la *Statistique morale de la France et de l'Angleterre*, publiée par M. Guerry (1) ; et, en signalant ses longues et laborieuses recherches, nous rappelions ces paroles de M. E. Vinet (2) : « Ce sont des travaux que l'on commence avec l'ardeur et l'entraînement de la jeunesse, et que l'on ne termine que lorsque le cœur est refroidi par l'âge et lorsque la tête commence à blanchir. » Nous aurions pu dire que M. Guerry avait usé sa vie dans cet immense labeur.

Dès le mois d'août dernier, il avait été frappé d'un étourdissement, en compulsant les archives de l'Hôtel-de-Ville de Paris. Il ne s'est relevé de cette attaque que pour offrir à ses nombreux amis le triste spectacle d'une intelligence épuisée, qui allait s'affaiblissant tous les jours. Il est mort subitement à Paris le 9 de ce mois.

Il y a peu d'hommes dont la vie ait été aussi utilement remplie et aussi modeste que la sienne.

Il était enfant de la Touraine, et tous ses condisciples ont gardé le souvenir des habitudes sérieuses de sa jeunesse. Son goût pour la statistique s'est manifesté sur les bancs mêmes de l'école. Il s'attachait aux résultats en toutes choses ; il aimait à les

(1) Diard, *Journal d'Indre-et-Loire*, 1865.—Nouv. édit. Paris, 1866.
(2) Vinet, *Journal des Débats*. Janvier 1864.

comparer, et il en faisait ressortir, avec une singulière sagacité, des conséquences auxquelles personne ne songeait.

Les *Comptes rendus de la justice criminelle*, qui datent du ministère de M. de Peyronnet, décidèrent sa vocation. Il venait de terminer ses cours de droit et d'être reçu avocat à la cour royale de Paris, lorsque ce document tomba sous ses yeux. Ce fut le talisman qui révéla ses étonnantes facultés pour ces patientes investigations. Elles absorbèrent désormais toute son attention, et il y attacha toutes ses études.

Sa vie retirée, sa louable habitude d'analyser toutes ses lectures avaient agrandi, orné et mûri son intelligence. Son style était devenu concis, nerveux, d'une justesse admirable d'expression et d'une pureté toute académique. Ses amis, qui connaissaient ces heureuses dispositions de son esprit, l'appelaient à leur aide lorsqu'ils s'occupaient de travaux littéraires ; et son concours, qu'il ne refusait jamais, imprimait à leur composition un cachet de perfection qu'il est bien rare de rencontrer dans ce siècle où tout le monde écrit. Nous pourrions citer des publications importantes auxquelles il prit une large part sans qu'il en ait recueilli le moindre fruit. Il n'a voulu attacher son nom qu'à ses travaux de statistique.

L'Académie des sciences couronna, en 1833, son premier ouvrage. Le jeune savant lui donna pour titre : *Essai sur la statistique morale de la*

France (1), qui ne fut tiré qu'à un très-petit nombre d'exemplaires, et qui fut promptement épuisé. Ce travail se bornait à la France. Mais déjà il offrait la distribution géographique des crimes et des suicides d'après la région, le sexe, l'âge et les saisons ; l'influence de la débauche sur les attentats à la vie, et des rapprochements pleins d'intérêt sur le degré de l'instruction et de la criminalité dans chaque département. Le livre fit une sensation profonde. On comprit qu'il y avait là une source d'observations dignes de fixer l'attention du législateur et du moraliste, et l'Académie invita l'auteur à persévérer dans la carrière où il était entré.

Vingt-sept ans plus tard, l'illustre compagnie couronnait encore le travail qu'elle avait encouragé. Mais les nouvelles études de M. Guerry n'étaient plus seulement une statistique morale de la France, c'était la *Statistique morale de l'Angleterre et de la France ;* c'est-à-dire la marche de la criminalité des deux côtés du détroit pendant trente-trois années consécutives, avec toutes les influences qui l'avaient déterminée.

L'auteur avait dépouillé pendant cette longue période, avec une patience infatigable, les comptes de l'administration de la justice criminelle en Angleterre et en France, les comptes de la police de Londres, de Liverpool, de Manchester, des villes

(1) Grand in-4, avec sept planches gravées et imprimées en couleur.

les plus populeuses et les plus importantes de la
Grande-Bretagne. Il avait consulté jusqu'aux procès-
verbaux de la cour criminelle centrale de Londres.
Il n'avait accepté les chiffres qu'il enregistrait qu'a-
près les avoir vérifiés sur les documents de l'administration ; et il les avait résumés dans dix-sept cartes représentant les départements de la France et
les comtés d'Angleterre en teintes plus ou moins
foncées, d'après le degré de criminalité de chaque
circonscription.

Pour faire apprécier l'immensité de ce travail,
qu'il nous soit permis de citer ici l'analyse que nous
en donnions il y a quelques mois, dans le compte
que nous avons rendu de cet ouvrage.

« M. Guerry, disions-nous (1), fit sortir de ses
« recherches pour les seuls attentats à la vie, les
« résultats numériques particuliers à 22, 332 accu-
« sés, à l'aide desquels il forma 5,548 bulletins,
« qui donnèrent lieu à un développement de chiffres
« de 1,169 mètres, plus d'un kilomètre de lon-
« gueur. Il releva, en outre, dans les archives de la
« police de France, 85,564 bulletins individuels
« de suicides accomplis de 1836 à 1860, chacun
« autant que possible avec l'indication des motifs
« qui les avaient déterminés.

« Les colonnes où venait se résumer cet écra-
« sant labeur confirmaient les résultats de l'essai
« de statistique de 1833, mais avec l'autorité qui

____

(1) Diard, *Études sur la statistique morale de l'Angleterre et de
la France.* Paris. 1866, page 6.

« s'attache à vingt-quatre années d'expérience de
« plus. Dans cette effrayante géographie du crime,
« on distinguait les régions où se produisaient de
« préférence les assassins, les incendiaires, les
« empoisonneurs, les voleurs domestiques. On re-
« marquait, d'après la prédominance des motifs
« qui les avaient fait commettre, les crimes qui
« appartiennent à la séduction ou à la débauche, à
« l'adultère ou au concubinage ; ceux qui sont pro-
« pres à l'adolescence, à l'âge mûr, à la vieillesse.
« On constatait la singulière régularité avec laquelle
« ils se reproduisent chaque année, suivant leur na-
« ture, dans le même ordre et la même proportion,
« comme si chaque âge devait prélever fatalement
« son contingent sur cette masse d'attentats. On
« suivait enfin la marche du suicide, assez sem-
« blable pour la France et l'Angleterre, marche
« ascendante de décembre à juin, descendante de
« juin à décembre, et constamment ascendante à
« mesure que l'on s'avance des extrémités de la
« France vers la capitale où s'accomplit tous les
« ans le sixième de ces actes de folie. »

Et plus loin, page 8 : « Des dix-sept cartes dont se
« compose l'atlas de M. Guerry, le plus grand nom-
« bre représente la distribution géographique, en
« France et en Angleterre, des crimes contre les
« personnes et contre les propriétés; les autres
« font ressortir l'ignorance relative des criminels,
« l'influence de l'âge, du sexe, des saisons, et la
« marche du penchant du crime pendant le cours

« de la vie. Et au pied de chaque carte est tracée
« une courbe sinueuse qui indique la distribution
« géographique des crimes ; l'œil peut en apprécier
« la valeur en consultant le degré d'élévation ou
« d'abaissement des lignes verticales affectées à
« chaque département. »

Les résultats de ces documents, puisés aux sour-
ces officielles de deux grandes nations, sont d'une
importance extrême. Ils ont fait tomber bien des
illusions, et il en sort de hauts renseignements, qu'il
serait trop long d'énumérer ici. Tout ce que nous
pouvons dire, c'est qu'en présence de cet océan de
chiffres, se posent de redoutables problèmes et de
graves questions d'ordre social, dont tous les esprits
qui s'occupent de statistique ont été frappés.

L'ouvrage a eu un grand retentissement en Alle-
magne, en Angleterre et aux États-Unis. En Angleterre surtout (1), où l'auteur a passé des journées

(1) Les travaux de M. Guerry étaient connus et appréciés en
Angleterre : et voici comment lui-même, avec une modestie
toute naïve, raconte l'accueil qui lui fut fait, lors de son dernier voyage, au Congrès de l'Association britannique à Bath.

Londres, 26 septembre 1864.

« Dans le but de faire connaître notre volume (il écrivait à
ses éditeurs) et de profiter de l'occasion pour lui donner une publicité convenable, j'en avais emporté un exemplaire avec
moi à Bath. Cette précaution n'était pas nécessaire.

Le Président de la section de statistique, M. le docteur
W. Farr, avait eu de son côté la même idée, et avait apporté son
exemplaire. Il le tenait exposé sur son bureau et se préparait
à en donner l'analyse, lorsque je suis arrivé à Bath, vers les

entières, son atlas est considéré comme le plus important ouvrage de statistique qui ait été publié dans les Deux-Mondes. M. Guerry jouissait d'une considération qui le faisait rechercher des sociétés savantes. Membre honoraire de la Société de Statistique de Londres, il était lié avec les hommes les plus considérables en matière d'économie politique, à ce point que l'un d'eux, sir John Browning, nous écrivait d'Exeter, le 17 février dernier, en nous exprimant la tristesse que lui inspirait la nouvelle de sa maladie, qu'il s'était créé parmi eux une renommée spéciale et très-méritée (1).

derniers jours de la session de l'Association britannique *for the advancements of science*. Le soir de mon arrivée, M. Farr a fait porter mon nom sur la liste des *Foreign Members*, qui le lendemain devaient faire une communication à la section.

Conformément à ce programme, les cartes de l'atlas ont été exposées dans la salle des séances, et j'en ai donné rapidement l'explication. Par un hasard dont j'ai fort à me féliciter, un membre du parlement, secrétaire de la Société de Statistique de Londres, M. Heywood est venu à mon aide, et il a eu la complaisance d'accompagner mes explications d'une sorte de commentaire perpétuel. Grâce à un tel secours, l'explication a été donnée en parties doubles M. W. Farr a ensuite pris la parole pour appeler l'attention sur le livre et sur l'auteur. Il l'a fait en fort bons termes, et en m'accordant plus que je ne mérite.

Sur la proposition du révérend M. Osborne, aumônier du Pénitencier de Bath, proposition appuyée par Sir John Browning, des remercîments m'ont été votés par l'Assemblée, avec les bruyantes démonstrations d'usage en pareille circonstance. »

(1) Parmi les papiers laissés par M. Guerry, offerts par ses héritiers, MM. Charles et André Poisson, à la *Société des sciences, arts*

Ajoutons que cet homme, si estimé du monde savant à l'étranger, était le premier à solliciter les

et belles-lettres d'Indre-et-Loire, et analysés devant cette Compagnie par M. Diard, figurait une liasse contenant des papiers que M. Guerry avait classés, et qu'il avait évidemment l'intention de conserver.

Nous extrayons du rapport de M. Diard les passages suivants :

« Il avait eu soin, dès sa jeunesse, de lire la plume à la main ; et il a gardé cette louable habitude jusqu'à la fin de sa vie. Ce qui lui paraissait remarquable dans les diverses branches des connaissances humaines, il l'annotait et le classait. Sa famille a dû trouver, dans sa bibliothèque, plusieurs volumes d'extraits d'auteurs entièrement écrits de sa main, et que j'ai souvent parcourus moi-même avec une vive curiosité.

Dans cette liasse se trouvaient des extraits d'orateurs, d'économistes et de journaux ayant trait à son travail favori : entre autres cette grande pensée de Bossuet :

« La première règle de la logique, c'est qu'il ne faut jamais
« abandonner les vérités une fois connues, quelques difficultés
« qui surviennent quand on veut les concilier ; mais qu'il
« faut, au contraire, pour ainsi parler, tenir toujours forte-
« ment comme les deux bouts de la chaîne, quoiqu'on ne voie
« pas toujours le milieu par où l'enchaînement se continue. »

En toute chose, constater les faits et chercher la vérité : c'est le propre des esprits justes et fermes. Tout s'enchaîne et s'explique dans les desseins de la Providence. Mais tout n'est pas accessible à l'intelligence humaine. Il n'est pas donné, surtout à un seul homme, quand il étudie un fait, de bien discerner la loi qui le régit dans la grande sphère de la nature. Son devoir est de le bien observer, sauf à laisser au temps le soin d'en dégager le principe et les conséquences.

C'était la règle que s'était imposée M. Guerry. Il a mis les faits en relief, après les avoir religieusement constatés. Quelquefois il a discuté les conséquences trop absolues que des esprits impatients se sont hâtés d'en tirer. Il n'aurait pas osé en tirer lui-même, tant il craignait d'ériger en règle générale ce qui pouvait être un simple accident.

honneurs de l'Institut pour les célébrités parmi lesquelles il faisait autorité, s'effaçant lui-même

Il y avait encore, dans cette quatrième liasse, des extraits de comptes rendus de l'Académie des sciences, des notes sur l'histoire de la statistique et sur les hommes qui se sont fait un nom dans cette science, et des résumés des cours publics que l'auteur a suivis. Quelques-uns de ces matériaux lui ont servi. On s'en aperçoit sans peine en lisant l'introduction dont il a fait précéder son atlas, et dans laquelle il explique l'ordre qu'il a suivi, et l'autorité que pourraient avoir, suivant la règle des probabilités, les faits qu'il met en évidence. On s'en aperçoit notoirement en consultant les citations qu'il a faites.

M. Guerry aimait singulièrement les citations. Il avait beaucoup lu ; sa mémoire était admirablement meublée, et il était heureux de pouvoir justifier sa propre pensée par l'opinion d'une grande célébrité littéraire ou scientifique, quand il ne se bornait pas à la reproduire en se l'appropriant. On peut juger de l'importance qu'il attachait à ce travail de l'intelligence, par cette circonstance qu'il a relevé les 3,177 citations qu'a faites l'abbé Barthélemy dans son *Voyage d'Anacharsis*. J'ai détaché du dossier ce curieux relevé qui prouve tout à la fois la fidélité du récit de l'illustre abbé, et la perfection de son travail, œuvre de trente années de sa vie.

Mais deux sortes de documents, trouvés dans cette liasse, devaient fixer spécialement mon attention. Ce sont des tableaux particuliers de statistiques et une série de cartes de France, toutes distribuées en 86 départements, avec des teintes plus ou moins foncées appliquées sur chacun d'eux.

Les tableaux de statistiques se rapportent :

1° Aux arrestations de prévenus des deux sexes faites à Paris et à Londres, pendant 17 et 25 années. Et il en résulte qu'à Paris le maximum des arrestations s'est produit pendant le mois d'août, et le minimum pendant le mois d'octobre; tandis qu'à Londres le minimum a eu lieu dans le mois de janvier, et le maximum au mois de juillet ;

2° Aux jours de l'année pendant lesquels, dans un laps de temps donné, les voleurs exercent de préférence leur coupable

devant un mérite qu'il jugeait toujours préférable
au sien.

industrie. Et il en résulte que, sur 6,387 vols commis dans un
espace de 3 années, 1,178 l'ont été le samedi, 1,016 le lundi ;
et que le nombre varie entre 700 et 900 pour chacun des
autres jours de la semaine, le dimanche excepté, pendant lequel il n'en a été·commis que 560. Résultat singulier, en ce
que le dimanche, jour de désœuvrement, de réunion et de
plaisir, semblait être celui où des méfaits de ce genre devraient
être le plus commun ;

3° Aux heures de la journée pendant lesquelles on court le
plus de risque d'être volé. Et il en résulte que c'est de midi à
dix heures du soir qu'il se commet le plus de vols, à l'étalage
extérieur et dans l'intérieur des boutiques ; et de onze heures
du matin à deux heures après minuit sur les personnes. Minuit
est l'heure à laquelle il y a le plus de probabilité qu'on sera
dévalisé. Et, en effet, à cette heure avancée de la nuit, l'agres-
seur redoute moins la surveillance de la police, et la victime
est sans défense ;

4° Au nombre des objets volés, comparativement aux objets
de même nature engagés dans les maisons de prêt sur gages.
Et il en résulte deux choses :

D'abord, que parmi les objets le plus fréquemment dérobés,
figurent les mouchoirs de poche et les montres.

Et, en second lieu, que sur 2,676 objets volés, 527 ou un peu
plus du cinquième, avaient été engagés. Grave présomption
que les maisons de prêt sur gages présenteraient aux malfai-
teurs un dangereux moyen d'écouler le produit de leurs vols.

Je n'ai pas souvenir que M. Guerry ait fait figurer ce relevé
partiel de statistique dans la publication qu'il a faite. Il est
probable qu'il ne les a pas jugés assez décisifs pour prendre
rang parmi les documents qu'il livrait aux méditations des
moralistes. Mais ils piquent la curiosité et ils démontrent jusqu'où l'auteur a poussé ses investigations. Sous ce double rapport, j'ai pensé, Messieurs, que je devais les mettre sous vos
yeux.

La série des cartes de France se compose de 20 cartes.

Les portes de la docte assemblée allaient s'ouvrir devant lui lorsqu'il a été frappé par la mort. Nous

Trois de ces cartes sont sans légende ; et il est impossible de déterminer positivement leur objet.

Il en est une qui constate le rapport du nombre de suicides avec la population de chaque département ; mais seulement pendant les années 1827, 1828 et 1829. Pour cette courte période, la carte présente déjà cet acte de désespoir et de folie croissant à mesure qu'on s'approche de la capitale, phénomène que met dans un jour si manifeste l'atlas de l'auteur.

Une autre présente, pour ces trois années, le rapport du nombre des jeunes gens sachant lire et écrire, avec celui des jeunes gens inscrits sur le tableau de recensement. Premier élément des grandes et célèbres cartes qui font connaître le développement de l'instruction publique et de la criminalité dans nos 86 départements.

C'est dans le Nord où la jeunesse avait le plus d'instruction. Le centre de la France, la Bretagne et la Vendée ont sur cette carte la teinte la plus noire. On y voit avec regret le département d'Indre-et-Loire bien au-dessous de la moyenne. Dans l'ordre du développement de l'instruction il n'occupe que la 63e place.

Six cartes offrent, pour les années antérieures à 1830, la répartition par département :

Des crimes contre les personnes et contre les propriétés ;

Des crimes contre ses ascendants ;

Des infanticides ;

Et la moyenne, par département, des crimes commis avant l'âge de 25 ans.

Ce sont les mêmes cartes que celles du grand atlas, avec cette différence que ces dernières embrassent une période beaucoup plus longue et conséquemment beaucoup plus digne d'attention.

Les neuf autres cartes révèlent des recherches de statistiques qui n'ont été que de simples distractions dans le grand travail de M. Guerry.

Deux d'entre elles ont trait à la richesse relative des dépar-

croyons du moins que sa juste célébrité avait enfin
vaincu toutes les résistances et triomphé de toutes

tements. La légende fait connaître la moyenne de la cote des
contributions personnelles et mobilières des habitants et le
rapport des patentables avec la population.

C'est dans le Nord qu'il y a le plus d'aisance et d'industrie.
Mais, à l'inverse de ce fait général qu'on observe dans cette
partie de la France, l'Ardèche a le plus de patentables et paye
le moins de contributions personnelle et mobilière. Le département d'Indre-et-Loire ne paye en moyenne qu'un franc
vingt-trois centimes par personne et n'a que 42 patentés par
1,000 habitants.

Ces deux cartes paraissent se rapporter à la seule année
1830.

Une carte qui n'indique pas la période qu'elle embrasse
donne, pour chaque département, le rapport du nombre des
jeunes soldats prévenus de désertion avec le chiffre du contingent. Ce sont les départements les plus accidentés, l'Aveyron,
la Corse, le Puy-de-Dôme, les Basses-Pyrénées, la Loire, la
Lozère, la Creuse, la Haute-Loire, la Corrèze et le Cantal qui
fournissent le plus de déserteurs. Là où le courage fait défaut,
ce n'est pas la beauté, la fertilité et la richesse du pays natal
qui exerce le plus de séduction sur l'esprit : c'est l'âpre et sau-
vage aspect de la nature. On savait déjà que la nostalgie attei-
gnait plus fréquemment les jeunes soldats descendus des mon-
tagnes. N'a-t-on pas vu dans nos armées des Suisses quitter le
drapeau quand ils entendaient le chant de leurs bergers ?

Ici, la statistique n'offre rien d'inattendu. Elle justifie ce que
l'expérience a depuis longtemps appris.

Quatre cartes présentent la distribution du clergé catholique
sur nos 86 départements, et la répartition sur chacun d'eux,
des élèves qui suivent les écoles, et des dons et legs faits aux
écoles et aux établissements religieux.

A l'aspect de ces cartes, on voit qu'on donne plus aux écoles,
là où les établissements religieux reçoivent le moins ; et que
les écoles sont l'objet de plus de largesses dans les départements
où elles sont le plus fréquentées. On y remarque encore que,

les rivalités qui pouvaient lui disputer encore cette faveur. Il est regrettable qu'il l'ait vainement atten-

sur 23 départements qui possèdent les établissements religieux les plus libéralement dotés, cinq seulement sont signalés parmi ceux où les prêtres catholiques sont.en plus grand nombre. Si ces cartes embrassaient une longue période (et rien n'indique celle qu'elle embrasse), on pourrait en conclure que l'instruction se développe en raison des encouragements qu'elle reçoit ; et que les libéralités faites aux établissements religieux dépendent plus de l'influence que ces établissements exercent que de l'influence du clergé.

Une autre carte, qui n'excite que la curiosité, constate la proportion des membres de l'Opposition envoyés à la Chambre par les 86 départements, eu égard au nombre total des députés qu'ils ont nommés de 1814 à 1819. Les chiffres les plus élevés appartiennent au département du Nord, auquel il faut joindre l'Isère, l'Indre, la Charente-Inférieure, la Vendée, le Morbihan et les Côtes-du-Nord. Le département d'Indre-et-Loire est au nombre des dix départements qui ont fait la part la moins large aux députations libérales du pays.

Enfin, M. Guerry a voulu se rendre compte de l'influence qu'exerçait en France la loterie royale, qui enlevait 50 millions aux contribuables pour en verser 9 dans le trésor public. Il a eu la patience de relever, pendant sept années consécutives, la moyenne de ses produits par département. La dernière carte qu'on a trouvée dans ses papiers en présente le résultat. Sa date n'est pas indiquée. Mais elle est certainement antérieure à 1829, époque à laquelle la loterie fut supprimée dans 28 départements. (Une ordonnance de la Restauration du 28 février 1829 commença cette réforme, qui fut achevée le 1er janvier 1839.)

Pendant cette période de sept années, huit départements n'avaient donné aucun bénéfice à l'État. La moyenne des produits des 78 autres est cotée dans la légende, suivant une série décroissante. Ceux qui s'étaient laissé le moins séduire sont la Haute-Saône, l'Allier, le Tarn, la Vendée, l'Indre, l'Ardèche, les Deux-Sèvres, les Côtes-du-Nord, les Landes, le Gers,

due. Elle eût été assurément la digne récompense d'une vie consacrée tout entière à l'étude, et que l'étude avait épuisée avant le temps. Elle l'eût consolé de la perte de sa santé et d'une grande partie de sa fortune généreusement sacrifiée à la poursuite de ses savantes recherches, et l'Institut se serait honoré en faisant tomber sur cette utile et modeste existence un rayon de la gloire que recherchent avant tout les hommes de lettres.

Loin de nous la pensée de contester le mérite de ceux qui lui ont été préférés. Mais, ne voulant of-

l'Ariége, les Hautes-Pyrénées, la Dordogne et le Lot. Ceux où la loterie avait fait le plus de victimes sont la Seine, le Rhône, les Bouches-du-Rhône et la Gironde.

La Seine, où se concentre la vie intellectuelle, politique, industrielle de la France ; où vont se cacher toutes les ruines et tous les désordres ; où s'étalent les plus grandes fortunes de nos provinces ; où fermentent conséquemment les passions les plus ardentes du cœur humain.

Le Rhône, où s'accumule une population ouvrière qui passe de l'abondance à la détresse, suivant les époques d'activité ou de chômage, et qui doit être tentée de chercher, dans les chances du hasard, un remède à ses souffrances qu'elle ne sait pas demander à l'épargne.

Les Bouches-du-Rhône et la Gironde, où les fortunes s'élèvent et s'abîment avec tant de soudaineté ; où elles sont exposées à tant de témérités, de dangers, de revers et de mécomptes.

C'était là, en effet, où la loterie, avec ses piéges tendus aux esprits faibles, devait faire le plus de dupes. La statistique, d'accord une fois de plus avec la raison, démontrait donc combien avait été désirable l'abolition de cette institution, que la conscience publique condamnait et que le gouvernement n'avait maintenu qu'à raison de la pénurie de ses finances.

fenser personne, ne pouvons-nous pas dire que la classe des sciences morales et politiques aurait pu sans injustice ajourner quelques élections pour assurer la sienne ?

Journal d'Indre-et-Loire du 13 avril 1866.

III. — NOTICE DE M. ERNEST VINET.

La statistique vient de faire une perte irréparable. Quelques amis ont conduit, le 11 avril, M. Michel Guerry à sa dernière demeure. Ce nom, maintenant si peu connu de la foule, ne périra pas. Michel Guerry a élevé un monument durable. Le grand travail intitulé : *Statistique morale de l'Angleterre, comparée avec la statistique morale de la France,* restera comme une des premières et des plus solides assises de la science dans laquelle il s'est posé en maître.

Ceux qui l'ont connu, qui l'ont vu à l'œuvre, n'oublieront point cette vaste intelligence et cette innocente vie si bien faite pour inspirer le respect. Ils se souviendront longtemps de ce zèle pour les études utiles, que ni les déceptions ni les sacrifices n'ont jamais pu refroidir.

M. Guerry était membre honoraire de la Société de Statistique de Londres. Sa place était marquée à l'Académie des sciences morales et politiques dont

il était correspondant. La mort seule pouvait l'em-
pêcher d'y arriver.

Journal des Débats du vendredi 27 avril 1866.

IV.

Un savant qui, pendant plus de trente ans, a
poursuivi avec la plus infatigable persévérance des
recherches qui intéressent au plus haut degré l'étude
des maladies mentales, M. Guerry, l'auteur de la
*Statistique morale de l'Angleterre, comparée avec la
statistique morale de la France*, vient de mourir.
Il avait été l'ami de Leuret, qu'il a aidé dans plusieurs de ses travaux.

Annales médico-psychologiques, 1866.

M. A. Guerry a publié :

Tableau des Variations météorologiques com-
parées aux phénomènes physiologiques, d'après les
observations faites à l'Observatoire royal, et les recherches statistiques les plus récentes. (*Ann. d'Hyg.
publ. et de Méd. légale*, 1829. Tome I, p. 228.)

Motifs des Crimes capitaux, d'après les comptes
de l'administration de la justice criminelle. (*Ann.
d'Hyg. publ. et de Méd. légale*, 1832. Tome VIII,
p. 335.)

Essai sur la Statistique morale de la France.
Paris, 1833, 1 vol. in-4, avec 7 pl., cart.

On consultera sur cet ouvrage :

GIRARD. — **Rapport à l'Académie royale des sciences** (1833)
(Académie des sciences, 8 avril 1833).

De l'accroissement du nombre des crimes et des récidives en France. (*Ann. d'Hyg. publ. et de Méd. légale*, 1839, 1er série. Tome XXII, p. 312.)

Recueil de Chants pour les élèves de l'École de l'Hospice de Bicêtre, Paris, 1840, in-8.

M. Leuret dans la préface de ce livre dit combien il doit à M. Guerry pour ce travail.

Statistique morale de l'Angleterre, comparée avec la statistique morale de la France, d'après les comptes de l'administration de la justice criminelle en Angleterre et en France, les comptes de la police de Londres, de Liverpool, de Manchester, etc., les procès-verbaux de la Cour criminelle centrale, et divers autres documents administratifs et judiciaires. Ouvrage couronné par l'Académie des sciences. Atlas, cartes et constructions graphiques représentant les résultats généraux des tableaux numériques, avec une introduction contenant l'histoire de l'application des nombres aux sciences morales. Paris, 1864, in-folio, LXVI p., avec 17 pl. col.

On consultera sur cet ouvrage :

BIENAYMÉ. — **Rapport sur le concours** pour le prix de statistique (1860), fondation Montyon (*Comptes rendus de l'Académie des sciences*, 25 mars 1861, t. LII). Rapport pour le prix de statistique (1861), fondation Montyon (*Ibid.*, 23 décembre 1861, t. LIII).

ALFRED MAURY. — **Du mouvement moral des sociétés** (*Revue des Deux-Mondes*, 1860, t. LXXVI, ou nouv. série, t. XXIX, p. 456).

SIR HENRY L. BULVER. — **France morale**, social and litterary.

DIARD. — **Études sur la statistique morale de l'Angleterre et de la France** (*Journal d'Indre-et-Loire*, 1865). — Nouvelle édition, Paris, 1866, in-8, 48 p.

ERNEST VINET. — *Journal des Débats*, 2 et 3 janvier 1864.

AUGUSTE COCHIN. — *Le Correspondant*, 1864.

CORBEIL, typ. et stér. de CRÉTÉ.

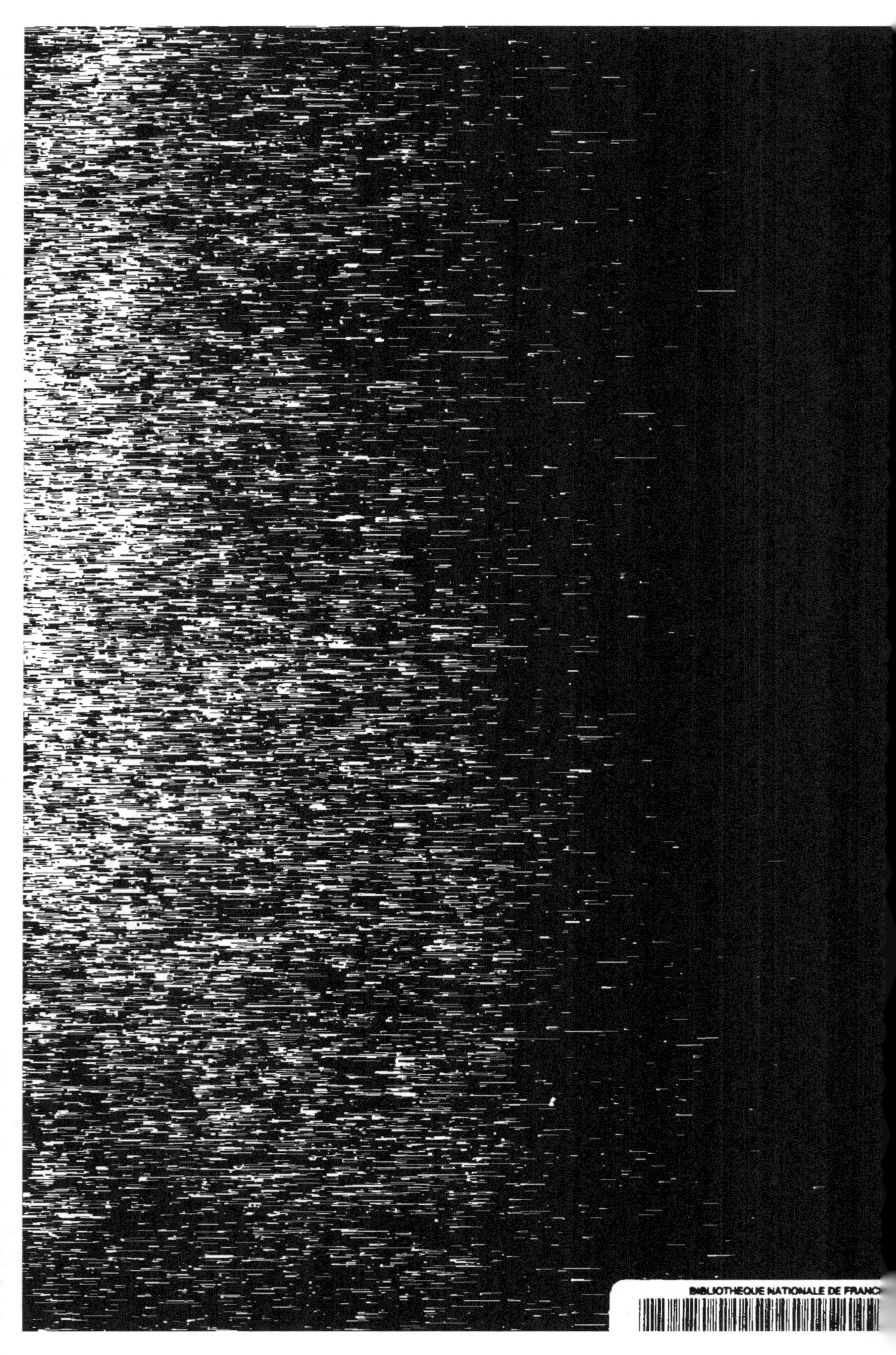